Der Kampf

um den

Wechselprotest.

Vortrag,

gehalten in der juristischen Gesellschaft zu Wien
am 15. März 1905

von

Dr. **Georg Cohn,**
ord. Professor an der Universität Zürich.

Berlin 1905.
J. Guttentag, Verlagsbuchhandlung,
G. m. b. H.

Georg Jellinek

zugeeignet.

Der Kampf um den Wechselprotest.[1])

Es ist eine eigentümliche Erscheinung, dass in der sonst so nüchternen und prosaischen Literatur des Wechselrechts gar oft ein rhetorisch-poetisches Pathos einsetzt, wenn der Wechselprotest in Frage kommt.

Auf der einen Seite hat man in ihm einen Talisman erblickt, der seinen Besitzer mit magischer Kraft schützt, wenn böse Geister ihm das gute Gold über Nacht in wertloses Papier verwandeln möchten.[1a])

Auf der anderen Seite sieht man in dem Protest eine Wunde, einen Auswuchs und eiternden Krebsschaden; man hat ihn den albernsten Ueberrest mittelalterlicher Rechtszustände, einen gräulichen Zopf aus der Longobardenzeit, ein verknöchertes, altersschwaches, drückendes, groteskes Institut genannt; er sei eine taube Nuss, ein ungelöstes Rätsel, ein Schmerzenskind, eine alte Tante, eine Art Atavismus am Körper des Wechselrechts, der Lichtenstein der Gesetzgebung; man hat ihn als eine Quelle von Prozessen, als eine Fundgrube verwickelter Kontroversen, als ein Wespennest chikanöser Streitigkeiten, als eine Brutstätte von Ungültigkeitsgründen, als einen Augiasstall fauler Einwände gebrandmarkt; man hat von seinen Fallstricken, seinen Irrungen und Wirrungen, von den Mysterien esoterischer Protestkunst, von Protestfirlefanz, vom Wust des Protestschuttes, von einem foyer de controverses und von comédies légales gesprochen; man hat ihn mit einem von Ungeziefer bis aufs Mark angefressenen Baum verglichen, der fallen müsse; man

---

[1]) Der Vortrag ist nachträglich durch litterarische Nachweise ergänzt, auch an einigen wenigen Stelleu berichtigt worden.

[1a]) Vgl. v. Salpius d. Z. f. H. R. XIX, S. 31.

hat ihn der rechtshistorischen Rumpelkammer zugewiesen, seine letzte Stunde herbeigesehnt, sein Todesurteil ausgesprochen und sein Grabgeläute prophezeit.

Schon diese kleine Blütenlese aus den Aussprüchen von Salpius, Stranz[2]), Bernstein[3]), Leist[4]), Dernburg[5]), Pallaske[6]), Wieland[7]), Béguelin[8]) zeigt, welch lebhafter Kampf um den Wechselprotest tobt, welch schneidige Gegnerschaft ihm erwachsen ist, wie dringend ein Einschreiten vom Gesetzgeber erwartet wird.

Einig im Ansturm, gehen die Gegner des Protestes jedoch sogleich erheblich auseinander in der Beantwortung der Frage, ob das bekämpfte Institut total beseitigt, oder ob es nur umgestaltet werden soll, und im letzteren Falle, in welcher Richtung. Dabei gilt aber nicht etwa der Satz: quot capita, tot sensus; nein, so mancher der Protestgegner hat, wie unter uns Juristen ja nicht ungewöhnlich, neben seinem prinzipiellen Vorschlag noch einen eventuellen und eventuellsten in Bereitschaft. Und dieser Kampf wird nicht nur in einem einzigen Staat geführt; er tritt uns vielmehr in einer ganzen Reihe von Ländern entgegen; am lebhaftesten in Deutschland; aber auch Frankreich, Oesterreich und die Schweiz haben Anteil daran.

---

[2]) Stranz, Ein Protest gegen den Wechselprotest. (Festgabe der jurist. Gesellsch. zu Berlin für Koch, 1903), S. 342, 347, 348, 350, 357 a. l., 358, 369 u. 378, auch Vorwort der Separatausgabe.

[3]) Bernstein, Die Revision der Wechselordnung, 1900, S. 63 u. Zeitschr. des Deutschen Notarvereins II. S. 304 ff.

[4]) Leist, Der Wechselprotest und seine Reform, Zürcher Inaug. Diss. 1899, S. 163.

[5]) Dernburg im Preuss. Herrenhause am 11. Februar 1904 (vgl. Zeitschr. des Deutschen Notarvereins IV, S. 168: „altersschwaches, drückendes Institut". „Der ganze Protest ist etwas Groteskes" „in seiner Form verknöchertes Institut.") Vgl. auch D. J. Z. IX, S. 297.

[6]) Pallaske im Preuss. Abgeordnetenhause am 30. April 1904, vgl. Zeitschr. des Deutschen Notar-Vereins a. a. O. S. 311.

[7]) Wieland im Schweiz. kaufm. Centralbl. Nr. 37 vom 10. September 1904 „die alte Tante Protest." Vgl. auch Nr. 39.

[8]) Béguelin in Verhandlungen des Schweiz. Juristenvereins, 1904, S. 338, 340, 345 ff. (auch in Z. f. Schweiz. R. N. F. XXIII, S. 840 ff.).

Unter diesen Umständen schien es mir angezeigt, den Kampf um den Wechselprotest zum Gegenstand der Betrachtung zu machen, als die ehrenvolle Aufforderung an mich erging, in der Wiener juristischen Gesellschaft nach einer Reihe von Jahren wiederum zu sprechen.

Darf ich auch nicht hoffen, in einer Frage, die in der Presse und Literatur schon so vielfach ventiliert worden, neues von Belang zu bringen, so möchte ich doch für ein Referat, das zunächst die Geschichte der Bewegung kurz skizziert und sodann die Vorzüge und Nachteile der einzelnen Vorschläge gegen einander abwägt, Ihre Aufmerksamkeit erbitten. Dabei gestatten Sie mir wohl, den Hauptfall, also den Protest mangels Zahlung, zum Angelpunkt zu nehmen, von einer Reihe interessanter Nebenfragen ganz abzusehen und auch jenes rhetorischen Redeschmucks, jener Gleichnisse und Bilder, jener Metaphern und Hyperbeln mich zu enthalten, die von den Rufern im Streit in fast allzureicher Fülle, wie wir sahen, über den Protest ausgeschüttet worden sind.

I.

Die Wünsche nach Reform des Wechselprotestes sind in Deutschland fast so alt, als die W.-O. selbst, obschon doch diese schon ihrerseits so manche alten Formalitäten beseitigt und die Protesterfordernisse wesentlich vereinfacht hatte.[9]) Die ersten Anregungen erfolgten bereits 1849 und 1854 durch die Elberfelder Handelskammer und einen Berliner industriellen Verein,[10]) sodann im Jahre 1869 — unter Beschränkung auf die Protestkosten und den Protesterlass — durch den bleibenden Ausschuss des Deutschen Handelstags[11]), also nicht durch die Juristen, wie man wohl gemeint hat,[12]) sondern aus der Mitte des Kaufmannsstandes selbst, dessen Organe auch im folgen-

---

[9]) Kuntze, D. W. R. S. 117. Grünhut, W. R. II. S. 48

[10]) Stranz, S. 359.

[11]) Vgl. Riesser, Revision in Z. f. H. R. 33. Beilageheft S. 104 und 108.

[12]) Vgl. Wagner auf dem 3ten D. Notartag (Z. des D. Not.-Vereins. S. 528).

den Jahrzehnt um Protestreform zu petitionieren nicht ermüdeten.[13])

Epochemachend wurde die belgische Gesetzgebung der Jahre 1876, 1877 und 1879, welche die Protestaufnahme zunächst für bestimmte und schliesslich für alle Fälle den Postbeamten à défaut d'huissier übertrug.[14]) Jenes Gesetz von 1876 und der Petitionssturm der Kaufmannschaft gaben dem deutschen Generalpostmeister Anlass zu einer am 21. 7. 1877 an sämtliche Handelskammern gerichteten Umfrage, „ob und in welchem Umfange innerhalb des Reichspostgebietes ein Bedürfnis zu einem ähnlichen Vorgehen wie in Belgien vorhanden sei.“ 91 von 112 Handelskammern sprachen sich in bejahendem Sinne aus[15]), und wenn auch der bleibende Ausschuss des Deutschen Handelstages im Oktober 1877 das Bedürfnis, die Protestaufnahme allgemein durch Postbeamte zuzulassen, verneinte, so erklärte doch auch er für die sogen. Nebenplätze eine erleichterte Protestaufnahme durch Postbeamte für wünschenswert.[16]) Dieser Vorschlag wurde von Karl Roscher angefochten, von Keyssner, Fischer und Kempf dagegen warm befürwortet.[17]) Letzterer erachtete in den Wiener Jurist. Blättern[18]) die Annahme des Vorschlags durch den Deutschen Reichstag für nicht zweifelhaft, ja er sah bereits eine bezügliche deutsch-österreichische Postkonvention hoffnungsfreudig voraus; die Redaktion der Juristischen Blätter äusserte sich in einer Anmerkung bei aller Anerkennung einer solchen höchst segensreichen Einrichtung im Hinblick auf die österreichischen Postverhältnisse bedeutend skeptischer.[19])

---

[13]) Vgl. Archiv für Post u. Telegraphie, 1876, S. 715; bei Stranz S. 359 u. 360.

[14]) Vgl. Goldschmidt in seiner Z. f. H. R., Beilageheft 23 S. 173 u. Mittermaier ebendas. Bd. 26, S. 124 ff.

[15]) Vgl. Stranz. S. 360.

[16]) Riesser, S. 109.

[17]) Vgl. Z. f. H. R. XXIV. S. 306—309.

[18]) VII. S. 1 ff. v. 6. Jänner 1878.

[19]) a. a. O. S. 3 lautet: „Leider müssen wir uns sagen, dass die für Handel und Verkehr gewiss höchst segensreiche Einrichtung bei uns vorläufig eine fast unüberwindliche Schwierigkeit darin finden würde, dass wir bisher jenes grossartigen Netzes von kaiser-

Im Deutschen Reichstage selbst kam die Frage damals wegen anderer grösserer Gesetzentwürfe leider nicht zur Verhandlung, doch ist bemerkenswert, dass der Vertreter der Reichspostverwaltung schon damals, 1879, in der Reichstagskommission die Einführung des Postprotestes als ausführbar anerkannte, freilich — latet anguis in herba — unter Ablehnung einer weitergehenden Haftung, als sie für eingeschriebene Briefe besteht[20]), ein Punkt, auf den später noch zurückzukommen ist.

In den 80er Jahren bot sich mir bei der Kritik des russischen Entwurfes [21]) Veranlassung, auf zwei andere Neuerungen des ausländischen Protestrechtes empfehlend hinzuweisen: einerseits auf die italienisch-belgische sog. Privatdeklaration, andererseits (im Anschluss an K. Maurer)[22]) auf die skandinavische Bestimmung, dass ein Vermerk über den separat aufgenommenen Protest auf den Wechsel selbst gesetzt werde.

Zehn Jahre später machte Makower [23]) den viel weitergehenden hochbedeutsamen Vorschlag, die separate Protesturkunde überhaupt fallen zu lassen und durch einen Vermerk des Urkundbeamten auf dem Wechsel selbst vollständig zu ersetzen. Dieser „Weckruf" wurde insbesondere von Bernstein in seiner im Jahre 1900 erschienenen höchst verdienstvollen Schrift über „Die Revision der W. O." mit Wärme aufgenommen; daneben machte er auch eine Reihe eigener, sehr beachtenswerter Vorschläge über Protesterlass und Protest-Register, und er trat insbesondere auch für die so sehr notwendige Gleichstellung der Zahlstellenwechsel mit den eigentlichen Domizilwechseln ein.[24])

lichen Postämtern entbehren, dessen Deutschland seit 1871 sich rühmen kann. Wirkliche kaiserliche Postämter, deren Funktionäre beeidete Staatsbeamte sind, gibt es bei uns ausser den Kreisstädten noch sehr wenige, und den sog. Posthaltern möchten wir jene Mission nicht zudenken".

[20]) Stranz S. 346.

[21]) Z. f. vergleich. R.-Wiss. IV. S. 208 u. 211. Vgl. auch meine drei rechtswiss. Vorträge, 1888, S. 112.

[22]) K. Maurer in der K. V. J. S. XXI. S. 360.

[23]) Makower in Z. f. H. R. XLI. S. 361—364.

[24]) Bernstein, Revision der W. O. S. 38 ff. u. 65 ff.

In ein neues Stadium wurde die Bewegung durch Justizrat Dr. J. Stranz gebracht. Fehlte es zwar auch schon vorher nicht ganz an „Wünschen", welche auf eine völlige Abschaffung des Protestes[24a]) abzielten, so war bis auf Stranz doch in Deutschland im allgemeinen nur Revision, nicht Beseitigung die eigentliche Losung. Stranz aber brachte auf dem ersten Deutschen Notartage in Berlin 1902 einen formellen Antrag auf Beseitigung des Protestes ein. Die „auf einen so grundstürzenden Antrag nicht vorbereitete Versammlung" beschloss jedoch mit allen gegen die Stimme des Antragstellers die Beibehaltung des nur zur vereinfachenden Protestes. Unentmutigt setzte Stranz jedoch den Kampf fort und veröffentlichte in der Festgabe der Berliner juristischen Gesellschaft für ihren Präsidenten Dr. R. Koch am 2. November 1903 eine geist- und witzsprühende, auch rechtshistorisch und rechtsvergleichend wohlfundierte Abhandlung, unter dem packenden Titel: „Ein Protest gegen den Wechselprotest", mit einer ganzen Anzahl wertvoller eventueller Vorschläge.

Diese flammende Streitschrift zündete!

Kein Geringerer als Heinrich Dernburg benützte am 11. Februar vorigen Jahres im Preussischen Herrenhause[25]) die Diskussion über einen Gesetzentwurf, der die Proteststunden betraf, um auf die Stranzsche Schrift Bezug zu nehmen und dabei u. A. wörtlich zu erklären:

„Diesem Proteste gegen den Protest möchte ich mich anschliessen. Der Protest ist im allgemeinen überflüssig. Notwendig ist die Präsentation des Wechsels, um den Regress gegen die Hintermänner zu erhalten. Nicht notwendig ist es, dass der Beweis dieser Präsentation durch den Protest geführt wird, welcher höchst schwierige Zweifel hervorruft, in der Judikatur zahlreiche Misslichkeiten mit sich führt und vor allen Dingen die Schuldner belastet, die nicht in der Lage sind, den Wechsel gehörig zu honorieren". „Es könnte — und das möchte ich der Kgl. Staatsregierung ans Herz legen —

[24a]) Vgl. Leist S. 163 und unten bei Nr. 36.

[25]) Vgl. oben No. 5.

ohne eine Belastung der Staatskasse hier eine erhebliche soziale Verbesserung namentlich auch für die kleineren Leute geschaffen werden, wenn man den kostspieligen und zum grossen Teil überflüssigen Protest wenigstens zunächst für die Inland-Wechsel beseitigt".

Und Dernburg schliesst seine Rede mit der nochmaligen ganz ausdrücklichen Erklärung:

„Einen Protest gegen den überflüssigen Protest will auch ich einlegen".

Diese Worte lassen anscheinend auch nicht den leisesten Zweifel über die radikale Stellungnahme des grossen Berliner Rechtslehrers zu. Ich möchte aber doch darauf aufmerksam machen, dass Dernburg immerhin den Protest nicht für absolut überflüssig erklärt hat, sondern, wie der Wortlaut seiner Rede ergibt, nur für „im Allgemeinen überflüssig", und nur für „zum grossen Teil überflüssig". Diese zweimalige Einschränkung ist bei einem Juristen vom Range Dernburgs doch nicht bedeutungslos! Auch scheint er de lege ferenda nicht ganz abgeneigt, eine Konzession zu bewilligen. Indem er den Protest wenigstens zunächst nur für Inlandwechsel beseitigen will, scheint er die Beibehaltung für Auslandwechsel einstweilen noch tolerieren zu wollen. Endlich enthält das stenographische Protokoll seiner Rede doch noch drei kleine Sätze, die dafür zu sprechen scheinen, dass Dernburg trotz alledem den Protest nicht pure abschaffen, sondern reformieren resp. durch Surrogate ersetzen will. Diese drei Sätze lauten wörtlich:

„Es ist das nicht bloss etwas Theoretisches, die Sache ist erprobt in Belgien". „Man hat dort den formalen Protest beseitigt und man ist gut damit gefahren, der Verkehr ist damit zufrieden".

„Es würde vollständig genügen, wenn der sogenannte Protestat die Erklärung abgäbe, dass er den Wechsel nicht honorieren könne, und wenn das in kurzer Zeit registriert würde, dann würden die Schuldner, die doch meistens notleidende Schuldner, zum grossen Teile kleine Leute sind, die Protestkosten sparen, die vielfach drückend sind".

Verstehe ich diese Sätze recht, so ist Dernburg im Grunde doch wohl nur ein Gegner des formalen Protestes, während er den belgischen Postprotest, sowie die belg.-ital. Privatdeklaration mit Registrierungspflicht zu billigen scheint.

Wie dem aber auch sei, jedenfalls hatte der isolierte Stranzsche Schlachtruf dadurch, dass ihn ein Dernburg aufnahm, eine ungeahnte Kraft und Resonanz gewonnen, die Frage war aus dem akademischen vor das parlamentarische Forum gebracht.

Zwar im Herrenhause selbst blieb es zunächst still; keine ausdrückliche Zustimmung, aber doch auch keinerlei Widerspruch, selbst nicht von Seite des Berichterstatters, des Reichsbankpräsidenten Dr. Koch.

Dagegen warf im preussischen Abgeordnetenhause[26]) am 30. April v. J. der Abgeordnete Oeser „auf Anregung aus seinem Wählerkreise" die Frage auf, ob es notwendig sei, den Wechselprotest in seiner bisherigen Form überhaupt aufrecht zu erhalten. Er erzählte, dass er eine ganze Anzahl würdiger Notare, die Mitglieder des Abgeordnetenhauses seien, befragt habe; „der Refrain ihrer Ausführungen war eigentlich: je eher, je lieber weg mit diesem Wechselproteste; es ist eine Arbeit, auf die wir keinen besonderen Wert legen".

Auch der Abgeordnete Pallaske trat dem Wunsche Dernburgs durchaus bei. Weit reservierter sprach sich der Preussische Justizminister Schönstedt aus: Ob eine vollständige Abschaffung des Wechselprotestes im Interesse der beteiligten Kreise sein würde, sei eine Frage, die er doch nicht so ohne weiteres bejahen möchte; unter allen Umständen würde die Abschaffung sich zunächst auf Inlandwechsel zu beschränken haben.

Der Stranz-Dernburgsche Protest hat, wie in der Kammer, so auch in der Tagespresse begeisterte Zustimmung gefunden[26a]). Dagegen hat er in der juristischen Litteratur lebhafte Opposition wachgerufen.

---

[26]) Vgl. Zeitschrift des Deutschen Notarvereins IV. S. 311.

[26a]) Vgl. z. B. den Artikel der Berliner Morgenpost: Die Abschaffung des Wechselprotestes, eine Erleichterung für den Kaufmannsstand, im Schweizer Kaufmännischen Centralblatt vom 10. September 1904.

So glaubt Dr. Coulon [27]) in seiner schneidigen Kritik der Stranzschen Festschrift, aus den Argumenten des Verfassers höchstens eine Vereinfachung, nicht aber eine Abschaffung des Instituts folgern zu dürfen,

so nimmt Justizrat Dr. Martinius in einem gedankenreichen Aufsatz [28]) gegen jenen „Schwadronenhieb" Stellung, durch den der Protest aus der Welt geschafft werden solle, während er andrerseits den ganzen „überflüssigen Ballast" unseres Protestes über Bord zu werfen empfiehlt,

so erhebt auch Montessori [29]) erhebliche Einreden, obschon er einräumt, dass über die Notwendigkeit, den Protest einfacher und billiger zu machen, „tutti converranno collo Stranz",

so stellt auch Bernstein in einem neueren Aufsatze über Abschaffung oder Reform des Wechselprotestes [30]) an die Spitze seiner Thesen den Satz:

„Der Wechsel-Prostest ist als Bedingung der Regressschuld beizubehalten",

so äusserten sich auch auf dem 3. Deutschen Notartage am 8. September 1904 in München alle Redner, besonders der Referent Justizrat Weissler und auch der Vertreter des Oesterreichischen Notarvereins Dr. Wagner [31]). Nur für einen einzigen Spezialfall wünschte der Notartag die wirkliche Abschaffung des Protestes; es ist dies jener Fall, für welchen die österreichische Praxis schon heut vom Protest abstrahiert [32]), der Fall, in welchem der Wechsel-Inhaber den Protest bei sich selbst erheben lassen müsste, der Fall des Deklarationsprotestes. Natürlich hindert diese lebhafte Opposition alle jene Gegner des radikalen Vorschlags nicht, ihrerseits die Vereinfachung des geltenden Rechtes zu empfehlen.

Dass Stranz mit seinem radikalen Vorschlag zu weit gegangen, scheinen endlich auch die Organe des Han-

---

[27]) In Zeitsch. für Notariat und freiw. Gerichtsbarkeit in Oesterreich vom 13. April 1904 S. 118 u. 119.

[28]) In Zeitsch. des Deutschen Notarvereins IV. S. 587 ff.

[29]) In der Rivista di diritto commerciale II S. 247—250.

[30]) In Zeitsch. des Deutschen Notarvereins II. S. 298 ff., 309.

[31]) Ebendas. S. 517—539.

[32]) Vgl. Adler, das Oesterreichische Wechselrecht 1904, S. 152.

delsstandes anzunehmen; denn in der Petition, welche am 4. September a. pr. die Aeltesten der Berliner Kaufmannschaft an den Reichskanzler richteten, wird nicht die totale Abschaffung des Protestes verlangt, vielmehr nur dreierlei: einerseits die Vereinfachung des bisherigen Verfahrens, anderseits der fakultative Postprotest und endlich der fakultative Privatprotest durch den Inhaber[33]).

Diese Petition hat, wie die Aeltesten in ihrem soeben erschienen Jahresbericht mitteilen, allseitige Zustimmung in Handelskreisen gefunden; ein Teil der Handelskammern sei unbedingt, ein andrer wenigstens bezüglich der beiden ersten Vorschläge beigetreten[33]).

Mit dieser Petition scheint nun der Stein ins Rollen gekommen. Die Reichsregierung will, wie sie auf eine Interpellation im Deutschen Reichstage erklärte, in eine Prüfung der Frage eintreten, und hierbei sollen die Vertreter der Reichspost und der Reichsbank mitwirken. Die Mitwirkung der Reichspostbehörde lässt wohl einen gewissen Schluss auf Reform im Sinn des belgischen Rechts zu.

Blicken wir von Deutschland nach Frankreich, so fehlt es auch dort weder an Klagen über Protestrecht und Protestpraxis, noch an Vorschlägen zur Abhilfe. Ich übergehe alle jene Vorschläge, die in der Kammer bezüglich der Protestfrist und des Deklarationsprotestes von Leydet, Lockroy, de Lacretelle, Escanyé, Berry u. a. gemacht wurden [34]), und erinnern nur an zwei Projekte: einerseits an den Gesetzentwurf von 1871, der einen dem englischen Noting entsprechenden verkürzten Protestakt zulassen wollte, aber auf den ungünstigen Kommissionsbericht nicht votiert wurde [35]), und andererseits an den radikalen Antrag Rabier vom Jahre 1890, der — ein

[33]) Vgl. Berliner Jahrbuch für Handel und Industrie, Bericht der Aeltesten der Kaufmannschaft von Berlin 1904 I S. 261, 262 und 590—594.

[34]) Vgl. Annuaire de législ. franç. IV., 9; V., 9; VI., 13; VII., 9; IX., 8; X., 14; XIII., 11; XIV., 17; XVII., 14; XXI., 11. Annales de droit commerc. I, 107 u. 387; IV., 190; V. 43; VI., 179; XIII, 63; XVIII, 341 u. 342. Lyon-Caen et Rénault IV. Nr. 362 ter. Thaller Nr. 1315.

[35]) Lyon-Caen a. a. O. S. 260 u. 1.

Vorläufer von Stranz — den formellen Protest ganz beseitigen wollte; statt dessen sollte der Inhaber im Nichtzahlungsfalle dem Bezogenen durch die Post ein ganz kurzes Bulletin zur Einlösung binnen 3 Tagen zustellen lassen; ein Vorschlag, der lebhafte Kritik hervorrief. [36])

Auch in Oesterreich haben sich die Notare mit der Vereinfachung des Protestes befasst; die Delegiertenversammlung hat aber 1900 vorläufig nur eine bescheidene Erleichterung bei Führung der Protestregister durch Zulassung eines Kopierbuches für die Original-Klatschkopien empfohlen, eine Erleichterung, die wenigstens im Sommer vorigen Jahres noch nicht konzediert war. [37])

Die neueste treffliche Darstellung des Oesterreichischen Wechselrechts beschränkt sich bezüglich der Protestreform auf etliche wenige Desiderien; „weitergehende Wünsche" dürften nach Ansicht Adlers nur im Zusammenhange mit einer Reform sowohl des Wechselrechts, als des Notariatswesens Aussicht auf Verwirklichung haben. [38])

Wenden wir uns zum Schlusse unsrer historischen Skizze noch zur Schweiz. Schon im Februar 1878, bei der Beratung des Postregalgesetzes, wurde auch die Frage der Erhebung von Wechselprotesten durch die Bundesversammlung bei dem Bundesrat angeregt; doch wurde bisher keine bezügliche Vorlage gemacht. [38a]) Nunmehr steht die Schweiz bekanntlich vor der Kodifikation des gesamten Privatrechts. Einen Teil der gewaltigen Aufgabe bildet die Revision des Obligationsrechts, das — ein Herold der schweizerischen Rechtseinheit — schon vor einem Vierteljahrhundert einheitlich gestaltet wurde. Einen Titel des Obligationsrechts bildet der Wechsel; dieser Titel

---

[36]) Ebendas. S. 262 und Annales V. S. 44. Patriau bei Béguelin S. 340.

[37]) Wagner auf dem 3. D. Notartag (Z. d. D. N. V. S. 528).

[38]) Adler, a. a. O.S. 34.

[38a]) Vgl. Oetiker, Das Bundesgesetz über das Postregal vom 5. April 1894, Züricher Dissert., 1901 S. 50 u. 80 ff. Berta u. Béguelin in Verhandlungen des Schweiz. Juristenvereins, 1904, S. 268 N. 53 u. S. 346 N. 172, (auch in Z. f. Schweiz. R. N. F. XXIII. S. 770 u. 848).

schliesst sich mit geringen Abweichungen der deutschen Wechselordnung an. Um dem Revisionswerk vorzuarbeiten, stellte der Schweizerische Juristenverein auf die Tagesordnung seiner Jahresversammlung im vorigen Jahre das Diskussionsthema:

„Die Umgestaltung des schweizerischen Wechselrechts im Hinblick auf ein einheitliches internationales Wechselrecht".

Ein sehr eingehendes Referat wurde von dem Baseler Prof. Wieland erstattet, dem Verfasser des Werkes über die zivilrechtlichen Grundlagen des Wechsels. Wieland gelangt zu dem Resultat, dass, von zwei Materien abgesehen, eine umfassende Revision des geltenden Wechselrechts mit Rücksicht auf die Uebereinstimmung mit dem Rechte der Nachbarstaaten nicht ratsam erscheine. Als jene beiden Ausnahmen bezeichnet er einerseits das Recht auf die Deckung und andererseits den reformbedürftigen Protest. Seine positiven Vorschläge gipfeln in der Hauptsache in der Makowerschen Forderung, dass der Protest auf den Wechsel selbst gehöre, und in der fakultativen Zulassung von Postprotest und Privatdeklaration; eine totale Abschaffung des Instituts empfiehlt auch er nicht an.[39])

Diesem Gutachten haben sich die beiden Korreferenten, Prof. Berta[40]) in St. Gallen und Prof. Béguelin[41]) in Neuenburg mit sehr eingehender Begründung wenigstens im wesentlichen angeschlossen. Auch die Zürcherische Handelskammer erklärte ihre Zustimmung, während die St. Galler Bankvereinigung gegen den Makowerschen Vorschlag Stellung nahm und eine Protestreform nicht für erforderlich erachtete.[42])

Auf der Jahresversammlung selbst, die Ende August 1904 in La Chaux de Fonds stattfand, war die Verhandlung über die Protestreform in Anbetracht der vorge-

---

[39]) Verhandlungen des Schweiz. Juristenvereins, 1904, S. 41—63, auch Z. f. Schweiz. R. N. F. 23, S. 543 ff. Vgl. auch oben N. 7.

[40]) Ebendas. Heft 4, S. 256—268 (in italienischer Sprache).

[41]) Ebendas. S. 338—369 (in französ. Sprache).

[42]) Neue Züricher Zeitung vom 6. u. 17. Juli 1904 (Nr 186 u. 228) u. Wieland im Schweiz. Kaufm. Centralblatt S. 197.

rückten Zeit nur ganz kurz; gegen einzelne Punkte äusserte der dem Justizdepartement des Bundesrats angehörige Prof. Reichel aus Bern Widerspruch; Resolutionen über die Protestfrage wurden nicht gefasst.[43])

II.

Wenden wir nach dieser Umschau über die Geschichte der Bewegung uns nunmehr den einzelnen Vorschlägen selbst zu.

Die radikalste Forderung ist natürlich die Abschaffung des ganzen Instituts.

Ist der Augiasstall abgebrochen, so braucht man ihn nicht zu reinigen.[44])

Geht Stranz aber wirklich so weit? Nach dem Titel seiner Schrift sollte man es meinen; aber, wenn man näher zusieht, scheut er doch vor dem letzten Schritt zurück; denn er verbietet nicht etwa den Protest, sondern er verlangt ihn nur nicht; er stellt es dem Inhaber vielmehr ausdrücklich anheim, Protest aufnehmen zu lassen, wenn auch auf eigene Kosten und wenn auch in den vereinfachten Formen des Postprotestes.

Und warum sollte man auch dem Inhaber eines Wechsels es verbieten, sich den Beweis einer vielleicht streitig werdenden Tatsache durch eine von einer vertrauenswürdigen Person auszustellende Urkunde zu sichern? Das ist ja auch in anderen Materien des Privatrechts statthaft, zuweilen sogar auf Kosten des Protestaten; ich erinnere nur an die seerechtlichen Artikel des D. H. G. B. (571, 588, 596, 646, 689).

Aber noch in einer anderen Richtung beschränken Stranz und auch Dernburg ihren Protest gegen den Wechselprotest. Ihr Protest gilt nur dem Protest der Inlandwechsel, d. h. der vom Inland auf das Inland gezogenen.

Dieselbe Trennung von In- und Auslandwechseln begegnet übrigens auch in anderen Reformvorschlägen,

---

[43]) Vgl. Verhandlungen S. 369—372 und Wielands Bericht im Schweiz. Kaufm. Centralblatt a. a. O.

[44]) Béguelin fragt S. 341, „si les écuries d'Augias ne peuvent être nettoyées que par une démolition qui fasse place nette."

so in der Petition der Aeltesten der Berliner Kaufmannschaft, und auch der Justizminister Schönstedt hält unter allen Umständen eine Beschränkung auf Inlandwechsel aus Rücksichten des internationalen Verkehrs für zunächst erforderlich.[45])

Der Stranzsche Protest gilt im Grunde überhaupt nicht dem Wechselprotest an sich, sondern nur dem obligatorischen Wechselprotest und in der Hauptsache sogar nur dem obligatorischen Notariatsprotest. Stranz will nur die Ausschliesslichkeit des öffentlichen Protestes brechen und jedes andere Beweismittel, ja selbst die Glaubhaftmachung zum Beweis der richtigen Präsentation für ausreichend erachten.

Prüfen wir die zahlreichen hierfür von Stranz angeführten Gründe. 1. Da ist zunächst das historische Argument; es wiegt meines Erachtens am wenigsten schwer. Gewiss ist der Protest jünger, als der Wechsel; gewiss hat der Wechsel zu der alten Transportfunktion noch neue und bedeutsamere Funktionen hinzu gewonnen; ja man könnte sogar hinzufügen, dass noch im achtzehnten Jahrhundert in Deutschland Regressklagen ohne Protest hier und da zugelassen worden sind. Aber der Wert einer Einrichtung ist bekanntlich nicht nach ihren geschichtlichen Ursachen, sondern nach ihren Folgen zu bemessen[46]), oder, wie Coulon sich ausdrückt, „eine alte Einrichtung kann trotz geänderter Verhältnisse auch für diese passen.“ Ob der Protest alten oder neuen Datums, ob aus der Longobardenzeit oder dem vierzehnten Jahrhundert, ob es früher auch „ohne ihn gegangen“,

---

[45]) Es ist nicht unzweifelhaft, ob diese Verkehrsrücksichten wirklich die Scheidung der In- und Auslandwechsel erfordern. Ueber die Protestform entscheidet jedenfalls das Gesetz des Zahlungsorts, mag nun dieser Wechsel im In- oder Ausland ausgestellt oder indossiert sein; für die Notwendigkeit des Protestes dürfte dagegen allerdings das Recht des Orts, an dem die einzelne Wechselverpflichtung eingegangen ist, entscheidend sein; ganz unbestritten ist dies aber nicht. Vgl. Meili, das internationale Zivil- und Handelsrecht II. S. 347.— „Abweichende Normen“ (des Protestrechts) „der einzelnen Länder sind auf den Lauf des Wechsels ohne erheblichen Einfluss.“ Wieland S. 42.

[46]) Wie R. Leonhard (freilich bei ganz anderem Anlass) treffend bemerkt hat.

all das ist für den heutigen Gesetzgeber ohne grossen Belang. Ist doch auch das Indossament jünger als der Wechsel und sogar jünger als der Protest, und wer wollte das Indossament um seines geringeren Alters willen beseitigen oder deshalb allein beibehalten?

2. Auch die Argumentation aus der juristischen Konstruktion tritt für den Gesetzgeber zurück; das praktische Bedürfnis entscheidet, die Konstruktion folgt.

3. Den „schlagendsten" Beweis dafür, dass der Protest keine juristisch-technische Notwendigkeit ist, erblickt Stranz in der Möglichkeit des Protesterlasses. Aber so ganz durchschlagend ist auch dieses Argument nicht; denn abgesehen davon, dass die Gesetzgebung Italiens, Portugals und Rumäniens die Erlassklausel für nicht geschrieben ansieht, und auch abgesehen davon, dass die Protesterlassklausel in Deutschland, dessen grosse Banken die „ohne Kosten Wechsel" von der Diskontierung ausschliessen, selten genug vorkommt[47]) und überdies der verbietenden Kraft entbehrt[48]), abgesehen von alledem beweist die Möglichkeit der Ausnahme noch keineswegs die Schädlichkeit der Regel. Ist doch auch die Präsentation erlassbar[49]); der Satz „kein Regress ohne Präsentation" ist eben nicht ausnahmlos wahr; und kann nicht sogar die ganze Regresspflicht der Indossanten erlassen werden?

Aus der Erlassbarkeit einer Verpflichtung folgt an sich noch nicht die Ueberflüssigkeit für die normalen Fälle. Ob eine Rechtsnorm dispositiver oder absoluter Natur ist, beweist noch nichts für oder gegen die Norm an sich; die Erlassbarkeit des Protestes ergibt nur, dass der Protest nicht durch das öffentliche Interesse geboten ist; im Privatinteresse kann er gleichwohl liegen.

4. Bestechender wirkt ein viertes Argument Stranz's, dass er der Rechtsvergleichung entnimmt, das Argument

---

[47]) Bernstein in Z. d. D. N. V. S. 202, vgl. auch Schweiz. kaufm. Centralblatt, a. a. O. S. 196 N. 2. In der Schweiz ist dagegen wenigstens nach Béguelin S. 339, „l'usage de la clause sans protêt fort répandu".

[48]) Adler, S. 34 u. 88.

[49]) Rehbein, Kom. zur D. W. O. Art. 41 No. 13.

nämlich, dass zwei der grössten handeltreibenden Nationen, dass England und Nordamerika[49a]) für Inland Bills den Regress ohne Protest zulassen. Gleichwohl ist auch dies Argument nicht zwingend.

Zwar gehen wir nicht so weit als Weissler, welcher englische Beispiele überhaupt für sehr gefährlich hält, und der der Ansicht ist, dass England auf dem Gebiete des Rechts für uns ein Land der Rätsel und Unbegreiflichkeiten sei[50]) — das englische Wechselrecht ist dem kontinentalen Juristen ja längst, schon seit Jacobsen und Treitschke, keine terra incognita mehr —; aber das Stranzsche Argument geht doch fehl und zwar aus zwei Gründen.

Einerseits besteht nämlich, wie Stranz selbst bemerkt, bei den englischen Banken die Gepflogenheit, die nicht honorierten Wechsel protestieren, resp. notieren zu lassen. Und andrerseits hat das englische Recht, anstatt des Protestes, zur Regress-Voraussetzung die Notifikation und zwar sämtlichen Vormännern gegenüber; jeder nicht benachrichtigte Vormann wird gänzlich regressfrei, während er dies nach Deutschem Recht bekanntlich nicht wird, sondern nur schadensersatzpflichtig ist und den Anspruch auf Kosten und Zinsen verliert. Jene strenge englische Notifikationspflicht bildet gewissermassen einen Ersatz, eine Art von Kompensation für die englische Inlandwechsel-Protestfreiheit.

Gegen jenes strenge englische Notifikationssystem sprechen aber die allererheblichsten Bedenken. Insbesondere

---

[49a]) In Nordamerika spielt übrigens der Protest um deswillen wieder eine grössere Rolle, weil man Wechsel aus einem Staate der Union auf einen anderen als foreign bills behandelt. v. Salpius S. 32. Vgl. auch The Negot. Instrum. Law §§ 189 u. 213.

[50]) Z. des D. Not.-Vereins S. 518. Auch Martinus S. 588 vermisst ein „klares Bild" und hält namentlich eine Untersuchung darüber für wünschenswert, wer in England zu beweisen habe, ob Regressat die Nichtvorlegung oder Regredient die Vorlegung. Nach gütiger Auskunft des Herrn Advokat Dr. C. H. P. Inhulsen in London ist auf Grund der §§ 45 und 55 1a und 2a der englischen Wechselordnung die Frage, wie folgt, zu beantworten: „Der den Aussteller oder Indossanten belangende Wechselinhaber muss mithin behaupten und falls dies bestritten, beweisen, dass dem Akzeptanten gehörig präsentiert worden".

ist das harte Präjudiz namentlich dann „ungerechtfertigt, wenn der Regresspflichtige durch die Säumnis gar keinen Nachteil erlitten hat; es werden hierbei unnötig auch solche Vormänner, an die man sich eigentlich gar nicht zu halten beabsichtigt, beunruhigt, ohne dass doch dieselben wüssten, wo der Wechsel sich befindet, und an wen sie sich zur Einlösung zu wenden hätten." Diese Notifikation aller Vormänner ist überdies „kostspielig und begünstigt auch die Einwendungen im Wechselprozess; sie verwandelt zudem den Inhaber in einen diligenzpflichtigen Mandatar seiner Vormänner; sie ist endlich den Giros ohne Ortsdatum und den Giros Fremder gegenüber oft genug ganz unausführbar." [51]) Mit gutem Grunde hat daher das Schweizer Obligationen-Recht die Notifikationspflicht ganz gestrichen.

Es hiesse also nur ein Uebel mit einem anderen und zwar einem grösseren vertauschen, wollte man den Regress statt vom Protest von der Notifikation abhängig machen, mag man übrigens dem Inhaber, wie in England, oder dem Protestnotar, wie im neuen russischen Wechsel-Gesetze, die Benachrichtigungspflicht auferlegen. Erkennt doch der Engländer Barclay selbst es als einen gewissen Nachteil der Notifikationspflicht an, dass ihr Beweis schwierig werden kann. [52])

Ausser auf England beruft Stranz sich auch auf Italien, Belgien und Rumänien, die anstatt des Protestes die Privatdeklaration zulassen. Auf dieses Surrogat ist später (S. 29) zurückzukommen.

5. Ein weiteres Argument bildet bei Stranz und bei Dernburg die unverhältnismässige Kostspieligkeit, die entweder den bereits in wirtschaftlicher Bedrängnis befindlichen Schuldner belastet oder den Aussteller noch neben dem Verluste seiner Forderung trifft. Gewiss ist es horrend, dass in einem konkreten Falle für den notariellen Protest eines Wechsels über M. 42 an Kosten M. 54 entstanden sind, und gewiss übersteigt es auch

[51]) Z. f. vgl. R. W. IV. S. 107 u. 108.

[52]) Barclay, Assimilation des lois concernant la lettre de change, Paris, 1888, S. 268. D'un autre côté, la preuve de la notification peut ére diffcile.

jedes Mass, wenn, wie die Aeltesten der Berliner Kaufmannschaft berichten, kürzlich aus einem Wechsel über M. 42.87, der von einem Notar aus Geldern protestiert wurde, M. 21.99 Kosten erwuchsen.[53]) Dieser Wechsel war auf einen kleinen Wallfahrtsort im Rheinland gezogen, auf das durch Heines Lied uns allen so bekannte Kevelaar.

Aber das sind ganz ausnahmsweise Fälle von sog. Ueberlandwechseln, die auf Nebenorte ohne Protestbeamten lauteten, und die Regel ist eine ganz andere. In Deutschland beträgt, nach Weissler, die Kostenlast für den Durchschnittsbetrag der Protest-Wechsel, d. h. für Wechsel von 3—400 M., nur 2—3 M., und in der Schweiz hält sie sich anerkanntermassen in ganz bescheidenen Grenzen.[54]) Aber hiervon ganz abgesehen ist die Kostspieligkeit doch keine notwendige Eigenschaft des Protestes.

Die Kostspieligkeit rechtfertigt jedenfalls nicht die Beseitigung des Protestes, sondern nur die Herabsetzung der Kosten.

6. Stranz bezeichnet weiter die Protesterhebung durch rechtsgelehrte Notare als eine wirtschaftliche Kraftvergeudung an unrechter Stelle. Das kann aber doch nur die Entlastung der Notare und die Ueberwälzung jener Tätigkeit auf andere Beamtenkategorien rechtfertigen, nicht aber die Beseitigung des Protestes selbst.

7. Zuzugeben ist ferner, dass die Domizilierung der auf Nebenplätze gezogenen Wechsel durch die Kostspieligkeit der Ueberlandproteste mit veranlasst wird; aber viele dieser Domizilierungen würden, wie mit Recht hervorgehoben worden, wegfallen, wenn die Reichsbank sich zur Diskontierung von Wechseln auf Nebenplätze entschliessen könnte, und sie könnte es wohl, wenn die Protesterhebung den Postanstalten, die doch auch am kleinsten Nebenplatz bestehen, zugewiesen würden.

Uebrigens soll die Domizilierungsgebühr in Deutschland, nach Weisslers ironischer Bemerkung, den „un-

---

[53]) Berliner Jahrbuch S. 261.

[54]) Vgl. Wieland, Verhandlungen S. 42, auch Weissler S. 520 und Makower S. 363.

geheuren" Betrag von 1 M. pro Tausend und im Minimum von 50 Pf. betragen, bei regelmässiger Verbindung mit einem Bankhause sogar oft genug ganz wegfallen. Immerhin hat die Domizilierung auf die grossen Bankplätze für die Gesamtheit doch auch ihre Vorteile, da gerade durch sie die Möglichkeit der geldlosen Zahlung in den Abrechnungsstellen gesteigert wird.

8. Auch das ist Stranz zuzugestehen, dass die Präsentation im Interesse des Wechselgläubigers liegt und in den seltensten Fällen unterbleibt; aber dies Interesse hat doch, wie treffend bemerkt worden, dank den hohen Zinsen und der „gesättigten" Retourrechnung immerhin seine Ausnahmen[54a]; auch ist mit Recht eingewandt worden, dass das Gläubigerinteresse nicht, wie das Schuldnerinteresse, gerade auf die Einhaltung der auf Stunden beschränkten Präsentationsfrist gehe, und dass selbst Dinge, die im eigensten Interesse liegen, vergessen werden können.

9. Endlich ist es zwar richtig, dass der Protest die Regresspflichtigen nicht rasch genug über die Dishonorierung aufklärt; aber das Fehlen eines dem Protest oft irrtümlich zugeschriebenen Vorzugs ist noch kein Grund zu seiner Abschaffung, vorausgesetzt, dass ihm andere Vorzüge tatsächlich zukommen.

Und da muss doch Stranz selbst (S. 356) einräumen, — — obschon er dem Protest (S. 365) jeden Nutzeffekt abspricht, — dass der Protest, wenn alles in Ordnung bei ihm sei, ein ausgezeichnetes Beweismittel für die erfolgte Präsentation ist. Diesen Vorzug erkennt ihm auch die englisch-amerikanische Jurisprudenz zu. So sagt Crawford, der Verfasser des von so vielen Unionsstaaten zum Gesetze erhobenen Negotiable Instruments Law S. 105: „While protest is not necessary, except in case of foreign bills, it is very convenient in all cases, because it affords the easiest and most certain method of proving the fact of dishonor." Nun liegt ja der Einwand sehr nahe, dass nach moderner Auffassung der Richter an gewisse Beweismittel nicht mehr gebunden ist, dass nach freiem Ermessen über alle Geldsummen und selbst über Leben

---

54a) Wieland S. 47; vgl. auch Béguelin S. 342.

und Tod erkannt wird. Warum also ein bestimmtes Beweismittel, eine formgerechte Protest-Urkunde für den Beweis der schlichten Tatsache verlangen, dass ein Wechsel zur Zahlung vorgelegt worden ist? Warum insbesondere keine Zeugen zulassen? Ja, wenn es sich nur um die Tatsache einer Abforderung von Geld handelte; aber es handelt sich um die Abforderung gegen einen ganz bestimmten Wechsel und zwar an dem richtigen Orte und zu der fristrichtigen Zeit. Wechsel sehen sich oft ähnlich, ja bis zum Verwechseln gleich. Wie sollen Zeugen die Identität des präsentierten und des eingeklagten Wechsels mit voller Sicherheit bekunden? Die neueren Experimente über die Sicherheit der Zeugenaussage, die wir Stern und v. Liszt verdanken, wirken nicht gerade ermutigend! Wir halten doch auch aus guten Gründen am schriftlichen Testament, am schriftlichen Immobiliarvertrag fest. Und vergessen wir doch nicht, dass ein einziger notleidender Wechsel eine lange Kette von Vordermännern für ganz gewaltige, „lawinenartig“ anschwellende Summen regresspflichtig machen kann, und dass dem Wechsel gerade ein besonders schleuniges Verfahren und eine besonders schneidige Exekution entspringen.

Seine Beweiskraft äussert der Wechsel übrigens nicht nur im Prozess, sondern, was vielleicht noch viel wichtiger, auch schon vor dem Prozess. Er beweist eben nicht nur dem Richter, sondern er beweist auch dem Regresspflichtigen selbst, dass der Wechsel trotz korrekter Präsentation Not gelitten hat. Dadurch hält der Protest vom Prozessieren ab! Trotz des so schnell zum geflügelten Wort gewordenen Bernsteinschen Spruches: „Zeige mir einen Protest und ich zeige dir seine Nichtigkeit“, lässt sich tagtäglich wohl die grosse Mehrheit aller Regresspflichtigen durch die Vorlegung eines unverdächtigen Protestes von der richtigen Präsentation überzeugen und lässt es auf einen Prozess daher erst gar nicht ankommen.

Zu diesem Vorzuge gesellt sich noch der von v. Salpius S. 50 besonders hervorgehobene weitere Nutzen, dass der Protest den Schuldner vor dem gesamten kaufmännischen Publikum kompromittiere, dass er, wie der Kommentator der alten Leipziger Wechselordnung sich ausdrückt, den Debitor beschimpfe.[55]) In der belgischen Kammer wurde die Protesterhebung sogar als „une espèce de note d'infamie" bezeichnet.[55a]) Auch Thaller (Nr. 1309) meint, die Wirkung des Protestes bestehe hauptsächlich in der Einschüchterung, („il agit surtout par voie d'intimidation"); er nennt ihn ein „signe de gêne". Dieser wirksame „Appell" an das Ehrgefühl kommt naturgemäss bei den domizilierten Wechseln weniger in Betracht; dagegen bewährt er sich, wie Stranz S. 354 treffend bemerkt, bei den nicht domizilierten Papieren, die im eignen Kontor des nachlässigen Schuldners protestiert werden.

Um dieser Vorzüge willen ist das Institut einer schriftlichen Feststellung des Notleidens beizubehalten, auch bei Inlandwechseln, und auch, ohne dass es eines besonderen Vermerks „zum Protest" oder einer ähnlichen „Aufforderungsklausel" bedürfte.

III.

Ist sonach weder einem gesetzlichen Protestverbot, noch einem gesetzlichen Protesterlass zuzustimmen, so bedarf doch der Protest — darüber herrscht bei Freund und Feind Einigkeit — der Reform. Hier verdient in erster Linie der Vorschlag Makowers den vollsten Beifall. Der Protest gehört in der Tat auf den Wechsel selbst. Nur hierdurch wird die Identität des im Regresswege geltend gemachten und des protestierten Wechsels, selbst bei Zwillingswechseln, wirklich gegen jeden Zweifel gesichert; alle Streitigkeiten über die genaue Abschrift fallen weg, denn nicht der Protest enthält eine Wechsel-Abschrift, sondern der Originalwechsel enthält den Protest. Ueberdies ist dadurch der Weiterbegebung protestierter Wechsel an Personen, welche von der Dishonorierung nichts wissen, ein Riegel vorgeschoben; und es ist auch jedem Streit vorgebeugt, ob ein undatiertes Nach-Indossament vor oder nach der Protestierung auf den Wechsel gesetzt ist. Es

---

[55]) Vgl. Grünhut I. S. 191 n. 66.

[55a]) Vgl. Goldschmidt in Z. f. H. R., Beilageheft zu Bd. XXIII, S. 177.

fällt ferner damit jede Möglichkeit eines Verlustes des Protestes ohne Verlust des Wechselsbriefs dahin, und damit zessiert auch die ganze Frage einer Kraftloserklärung der blossen Protesturkunde. Endlich ist mit diesem Vorschlag noch der Vorteil verbunden, dass die Ansprüche und Nebenansprüche des Regressnehmers nunmehr aus einer einzigen Urkunde und nicht aus 2 Urkunden hervorgehen.[56])

Dieser Vorschlag Makowers ist denn auch von den meisten adoptiert worden, ausser von Bernstein beispielsweise auch von Elze und Wagner[56a], Adler, Wieland, Berta, Béguelin und der Züricher Handelskammer.

Stranz räumt S. 372 zwar ein, dass jener Vorschlag „in seiner Einfachheit und Knappheit viel Verlockendes habe", aber er meint doch, dass ihm „durchgreifende Bedenken" entgegenständen. Als solche durchgreifende Bedenken macht er die Beibehaltung der bisherigen schwer zugänglichen und kostspieligen Urkundsbeamten geltend; die Kosten trügen dann wieder die Schuld an den wirtschaftlichen Nachteilen, an den von uns bereits vorhin erwähnten Domizilierungen und an der ungesunden Kreditform blosser Buchforderungen an Stelle von Wechselforderungen. Diese Bedenken können aber nicht ausschlaggebend sein. Protestbeamte und Protestform sind von einander unabhängig; der schwerfällige Separatprotest kann ebensowohl durch einen Notar, als durch einen leicht zugänglichen und billigen Postbeamten erhoben, der knappe Protestvermerk kann in gleicher Weise durch einen jeden dieser Beamten auf den Wechsel selbst gesetzt werden.

Aber der Vorschlag Makowers hat schon vor Stranz einen Gegner von der höchsten Bedeutung gefunden, und dieser Gegner ist der gefeiertste Lehrer des Wechselrechts, Altmeister Grünhut. Er erklärt in seinem grossen Wechselrecht (II S. 48 Note 7) den Vorschlag für nicht empfehlenswert.

Warum? Weil durch einen solchen Vermerk der Kredit des Wechsels geschädigt wird, und ein „Wechsel

---

56) Bernstein S. 65 ff.
56a) Z. d. D. Not.-V. a. a. O. S. 526 u. 530.

mit einer solchen Erklärung schwerlich mehr genommen werden dürfte". Das trifft gewiss in der Regel zu, obschon Ausnahmen mit Rücksicht auf sehr solvente Indossanten protestierter Wechsel immerhin möglich sind. Träfe jene Befürchtung aber auch ausnahmslos zu, so möchte ich dies doch nicht als einen Nachteil erachten; denn dishonorierte Wechsel gehören, wie die Züricher Handelskammer ganz richtig bemerkt, gar nicht mehr in Umlauf.

Uebrigens ist es im Grunde die Tatsache der Dishonorierung, die den Kredit des Wechsels schädigt; diese Tatsache wird durch den Protest nur festgestellt, wird durch den Vermerk auf dem Wechsel nur bei Diskontierungsversuchen kundbar. Endlich ist ein Inhaber, dem an der Zirkulation des dishonorierten Wechsels mehr als an der Regressnahme gelegen sein sollte, zur Protestation ja überhaupt nicht verpflichtet.

Ein letzter Einwand gegen den Makowerschen Vorschlag ist seitens der St. Galler Bankvereinigung und auch seitens des Notars Kaiserberg auf dem Deutschen Notartage aus einem angeblich praktischen Bedenken hergeleitet worden: es mangele an Platz! Oft sei vor vielen Kreuz- und Quer-Indossamenten kein weissesFleckchen mehr vorhanden, und dann solle noch der Protestbeamte seine Erklärung hinschreiben und ein rechtsgültig tadelloses Dokument herstellen. Dieses Bedenken erledigt sich aber, wie vielfach repliziert worden, nicht nur durch die sehr wohl mögliche Verkürzung des Protestvermerks, sondern insbesondere auch durch die Zulässigkeit einer Allonge. In Skandinavien und Russland, wo der Protest schon jetzt gesetzlich auf den Wechsel selbst oder die Wechselkopie gesetzt werden muss, hat der angebliche Platzmangel zu Uebelständen bisher, soweit bekannt geworden, nicht geführt. Die Allonge birgt allerdings die Gefahr, dass sie von dem einen Wechsel abgetrennt und an einen andern angeheftet werden kann; aber diese Gefahr droht auch bei dem Indossament auf der Allonge, und sie kann hier, wie dort durch die bekannten Vorsichtsmassregeln[57]), wie sie § 19 der russischen Wechselordnung sogar gesetzlich

---

[57]) Vgl. Grünhut I S. 141 n. 15, II S. 85 No. 5.

vorschreibt, oder wie sie die belgische Postpraxis gerade für den anzuhängenden Protest eingeführt hat, leicht abgewendet werden.

Je weniger Essentialien der Protest-Vermerk zu enthalten braucht, um so weniger Nichtigkeitsfälle sind zu befürchten. Es erscheint als ausreichend, wenn ausser dem Datum und der Unterschrift des Beamten für den Hauptfall, den Protest mangels Zahlung, nur die Angabe verlangt wird, wann und wo und wem der Wechsel zur Zahlung vorgelegt worden ist.[57a]) Summe und Verfalltag stehen ja in dem Wechsel; der Name des Requirenten scheint nicht erforderlich. Ob das negative Resultat der Nichtzahlung vom Regressnehmer bewiesen, also auch im Protest bekundet zu werden braucht, ist streitig; die herrschende Ansicht fordert es; Martinius tritt dem entgegen.[58])

Das belgische Formular, das als Allonge angehängt wird, konstatiert auch die Nichtzahlung und sogar den Dishonorierungsgrund. Es lautet seinem Hauptinhalt nach: [59])

Acte de protêt.
Administration des postes (resp. Huissier à . . .)
Bureau d
No. . . .

Le sousigné a constaté le nonpayement de l'effet de fr. . . . payable le . . . 18 . ., par . .
celuici étant (présent resp. absent)
Motifs: . . . .
Un bulletin donnant avis du présent acte
a été remis à . . .

[57a]) Vorschläge noch kürzerer Vermerke bei Makower S. 363 Vgl. auch Wieland S. 55 u. 63, Berta S. 258 u. 261, Béguelin S. 367.

[58]) Vgl. auch v. Salpius S. 43: „Wenn der Wechsel bezahlt wäre, würde er sicherlich nicht protestiert worden sein. Dafür spricht jedenfalls eine so zwingende Vermutung, dass wir uns dabei ebenso beruhigen können, wie der ganze Kaufmannsstand"; vgl. dagegen aber auch S. 45.

[59]) Die vollständigen Formulare mit souche, bulletin und Registrierungsquittung bei Goldschmidt a. a. O. S. 182 u. 183, auch bei Stranz S. 373. Vgl. auch unten vor N. 76.

Signature du débiteur
A. le . . . 18 . .
L'agent des postes (resp. L'huissier).

IV.

Mit der Verlegung des Protestvermerks auf den Wechsel ist aber der Kampf um die Protest-Reform nicht ausgetragen.

Noch wichtiger fast ist die weitere Streitfrage: amtlicher Protest oder Privat-Protest? und im Fall des Privat-Protests:

Wem steht er zu?

Dem Protestaten? oder dem Inhaber?

Der Privat-Protest ist, wie bereits angedeutet, im Ausland, in Belgien und Italien, geltendes Recht, und zwar ein Recht des Protestaten.[59a])

Diese Privatdeklaration, wie man sie herkömmlicherweise nennt, ist aber nicht nur geltendes Recht, sondern auch altes französisches Messwechselrecht, und auch für Aussermesswechsel wurde sie in italienischen Städten des Mittelalters zugelassen;[60]) sie begegnete vor der D. W. Ordn. auch in vielen deutschen Staaten.

In der Literatur hat dies System Beifall und Angriff erfahren; für dasselbe haben sich Stranz, Wieland, Vidari und Beguélin erklärt; gegen dasselbe Grünhut, Bernstein, Leist, Coulon, Reichel, Patriau, Weissler, Martinius, auch der Verband Züricher Kreditinstitute.

Unter den Anhängern des Systems nennt Stranz auch den Reichsbankpräsidenten Dr. Koch und meine Wenigkeit. Was Koch betrifft, so hat sich dieser hervorragende Jurist jedoch nur hypothetisch ausgesprochen: „Die Kontroverse würde an Bedeutung verlieren, wenn das Gesetz, dem Beispiel Belgiens und Italiens folgend, das System adoptierte, wonach eine Privatdeklaration statt

---

59a) Nur ein Druckfehler kann es sein, wenn Goldschmidt in Z. 23 Beilageheft S. 173 von der „Privaterklärung des Präsentanten“ nach dem Belgischen Gesetz vom 18. Mai 1870 spricht.

60) Vgl. Goldschmidt, Universalgeschichte S. 458 u. 156 a. E.

des Protestes genügt" [61]); und an anderer Stelle erklärt er wörtlich: „Ich lasse ganz dahingestellt, ob das belgisch-italienische System der Privatdeklaration nicht unserem umständlichen Protest überhaupt vorzuziehen ist." [62])

Meine eigene Stellung zu dieser Frage hat sich geändert. Während ich 1883 das belgische System empfehlen zu müssen glaubte, habe ich den Gegengründen besonders Grünhuts mich nicht verschliessen können, und dieser besseren Ueberzeugung habe ich bereits 1897 vor der jur. Gesellschaft in Berlin in einem Vortrage über die Revision der Deutschen Wechselordnung Ausdruck gegeben.[63])

Gegen die Privatdeklaration sprechen in der Tat mehrere zwingende Gründe: zunächst die Gefahr der Ableugnung der Unterschrift. Allerdings ist kein Ableugnungsfall vor dem Handelsgericht in Brüssel in den beiden ersten Jahren nach Einführung des Instituts vorgekommen; aber dieser Zeitraum ist doch zu kurz, um daraus sichere Schlüsse zu ziehen, zumal die Zahl der Privatdeklarationen eine relativ recht geringe war, kaum 15%, gegenüber fast 85% Amts-Protesten. Gewiss liegt die Gefahr der Ableugnung auch bei jeder Wechsel-Unterschrift vor; aber es ist die Gefahr bei der Privatdeklaration doch von weit grösserem Einfluss; denn während, zufolge des Prinzips der Selbständigkeit der einzelnen Wechsel-Akte, die Verpflichtung eines jeden Regresspflichtigen von der Ableugnung der Unterschrift des Akzeptanten oder eines einzelnen andern Regressaten unabhängig ist, steht und fällt die Regresspflicht der sämtlichen Vordermänner und beim Domizil-Wechsel selbst die Pflicht des Akzeptanten mit der richtigen oder falschen Beurkundung der Präsentation. Dazu tritt eine zweite Gefahr, die Gefahr der Kollusion zwischen dem Wechsel-Inhaber und dem Domiziliaten resp. dem Bezogenen, zumal falls letzterer nicht akzeptiert hatte; auf Kosten der Vorder-

---

[61]) Koch in Buschs Archiv Bd. 45 (1884) S. 71, auch Vorträge u. Aufsätze (1892) S. 329.

[62]) Koch, Vorträge und Aufsätze S. 367.

[63]) Vgl. 39. Jahresbericht über die Wirksamkeit der Jurist. Ges. in Berlin S. 34.

leute droht hier im Fall der verspäteten Präsentation die fälschliche Zurückdatierung. Gegen diese Gefahr der Zurückdatierung ist in Belgien und Italien die Registrierung der Privatdeklaration vorgeschrieben, und zwar binnen 4 resp. 2 Tagen von der Unterzeichnung an (de leur date, resp. dalla data), also nicht binnen der Präsentationsfrist, wie Wieland (S. 45) anzunehmen scheint. Auf die Bedeutung eines solchen Spielraums von 2 oder 4 Tagen im Protestverkehr weist aber Coulon mit Recht hin, und er betont treffend, wie leicht eine Kollusion begangen, und wie schwer sie bewiesen werden kann.

Wieland und Berta verlangen daher auch übereinstimmend, dass die Registrierung noch innerhalb der Protestfrist vorgenommen werden solle; bei Wechseln auf Nebenplätze, an denen sich vielleicht keine Registerbehörde befindet, dürfte dies jedoch nicht immer ausführbar sein.

Aber die Privatdeklaration ist nicht nur gefährlich, sie ist auch unpraktisch; denn sie bedarf ja des Einverständnisses beider Teile. Wie jedoch schon auf der Leipziger Wechsel-Konferenz am 18. November 1847 hervorgehoben wurde, lehrt die Erfahrung in Frankreich, dass die durch den Code de comm. erforderte Unterschrift des Protestaten regelmässig verweigert werde[64]).

Auch in Italien ist dies Einverständnis in der Regel nicht zu erzielen, und die Seltenheit der Protestdeklaration in Belgien erklärt sich vielleicht aus dem gleichen Grunde.

Vortrefflich äussert sich über die Privatdeklaration der bedeutendste handelsrechtliche Lehrer Italiens, Cesare Vivante:[65])

Weniger schlimm ist es, so schreibt er, dass diese Deklaration in der Praxis ein toter Buchstabe (lettera morte) geblieben ist und bleiben muss, denn einerseits wird der Wechselverpflichtete es vorziehen, sich für den Notar unauffindbar zu machen, als selbst die eigene Insolvenzerklärung abzugeben, und andererseits wird der Gläubiger es vorziehen, den Wechsel dem Notar zu über-

---

[64]) Thöl, Protokolle S. 159.

[65]) Vivante, Trattato di dir. comm. IV (1901) Nr. 1754 S. 176. In der zweiten Auflage, 1904, Bd. III S. 396 Nr. 1289 scheint dieser Satz gestrichen zu sein.

geben, als selbst den Schuldner aufzusuchen, um ihn zu überreden, die eigene Insolvenzerklärung zu unterschreiben (per persuaderlo a sottoscrivere la dichiarazione della propria insolvalibilità) und (dann noch) auf das Registeramt behufs Registrierung sich zu begeben; auch müsse der Gläubiger befürchten, dass der Schuldner, der den Wechsel zur Abgabe der Privatdeklaration ja in Händen habe, diesen Besitz möglicherweise missbrauche, um den Wechsel zu verändern oder bei Seite zu bringen!

Ob die von Stranz vorgeschlagene Erhöhung der Wechselsumme um $^1/_3$ % wegen verweigerter Protestdeklaration den ihr abgeneigten Wechselschuldner zur Unterzeichnung der eigenen Insolvenzerklärung bewegen wird, scheint doch sehr problematisch; mit Recht halten die Aeltesten der Berliner Kaufmannschaft diesen Zuschlag für ungerecht. Jedenfalls geht auch durch die Registrierungsgebühren ein Hauptvorzug der Privatdeklaration, die Kostenlosigkeit derselben, wieder ganz oder teilweise verloren.

Vollständig versagt die Privatdeklaration endlich in den Fällen der Abwesenheit des Protestaten; auch für den Fall seines Todes oder seiner Entmündigung ergeben sich erhebliche Schwierigkeiten.

Den Gegnern der Privatdeklaration des Protestaten haben sich neuestens die Aeltesten der Berliner Kaufmannschaft angeschlossen. Dagegen empfehlen sie in ihrer Petition für Inlandwechsel die fakultative Ausstellung des Protestvermerks durch den Inhaber, den Präsentanten, insbesondere durch die Kassenboten der grossen Banken. Für diesen Vorschlag könnten allerdings historische Argumente angeführt werden; scheint doch ursprünglich der Inhaber selbst vor dem Notar und erst später durch den Notar protestiert zu haben[66]; Siegel nahm sogar an, dass auch der vom Inhaber selbst gemachte Protest genüge, und dass die Anwesenheit des Staatsschreibers und der Zeugen nur zum bequemeren Beweise diene.[67]) Gleichwol ist der Vorschlag in seiner

[66]) Vgl. Goldschmidt, System § 183, v. Salpius S. 36.
[67]) Bei Grünhut I S. 168 N. 52.

Allgemeinheit unannehmbar. Scriptura non probat pro scribente. Oder, wie die friesische Parömie lautet: „Muss man schlichter Schrift glauben, so kann ein Mann sich hastig reich schreiben“.[68]) Die Gefahr der Rückdatierung, die bei der Privatdeklaration des Präsentaten droht, ist doppelt zu befürchten, wenn dem Präsentanten selbst oder dessen eigenem Vertreter die Berechtigung zur Aufsetzung des Präsentationsvermerks eingeräumt wird. Natürlich müsste man dem Regresspflichtigen den Gegenbeweis der Unrichtigkeit des Vermerks verstatten; damit wäre aber für so manchen Schuldner ein starker Anreiz gegeben, diese Unrichtigkeit aufs geratewol zu behaupten und es auf den Prozess ankommen zu lassen.

Die Aeltesten der Berliner Kaufmannschaft verkennen auch die Gefahr der Rückdatierung nicht; sie glauben aber, dieser Gefahr durch Einführung einer Registrierungspflicht vorbeugen zu können, und sie meinen, dass vielleicht auch eine Bestimmung genügen würde, wonach bei der Notifikation an die Vormänner des Wechselinhabers eine Abschrift der Protesturkunde beizulegen ist. Ueberdies halten sie etwaige Fälschungen der Urkunde schon wegen der strafrechtlichen Verantwortlichkeit für ausgeschlossen. Wir können diese optimistische Auffassung nicht teilen und halten die Registrierung für kostspielig und umständlich.

Der Vorschlag hat denn auch keineswegs die Zustimmung aller Handelskammern gefunden; nur ein Teil derselben hat sich diesem Antrage angeschlossen. Auch in der Tagespresse und in der Literatur ist er bekämpft worden; so schreibt J. R. Martinius: „Darüber, dass es nicht angängig wäre, den Privat-Protest in die Hände der Kassenboten, der Vertreter der Wechsel-Inhaber allein zu legen, brauchen keine Worte verloren zu werden“.

Und doch scheint mir ein brauchbarer Kern in dem Vorschlage zu stecken. Insoweit es sich nämlich um beeidete Beamte der grossen staatlichen Institute, insbesondere um die Reichsbank handelt! Ihre Kassen-

---

[68]) Graf u. Dietherr, D. Rechtsprichwörter S. 458 Nr. 546 u. S. 465.

boten haben kein grösseres Interesse an der Beurkundung der Präsentation, als der Postbote es hat.

Auch in Frankreich hat man beantragt, de donner à des clercs assermentés la faculté d'instrumenter pour leur patron.[69]) Aber dem privaten Wechselinhaber, der selbst präsentiert hat, oder seinem unbeeideten Boten ein Beurkundungsrecht in eigenen Angelegenheiten beizulegen, erachte ich für ausgeschlossen.

V.

Ebensowenig als den Privatprotest in beiden Gestaltungen vermag ich das vielfach befürwortete, englisch-amerikanische Institut des „noting" als Surrogat des Protestes anzuempfehlen.

Bekanntlich besteht das „noting" (Barclay übersetzt es „constat notarié") darin, dass der Notar seine Initialen, das Datum und die Kosten (mit oder ohne Angabe des Dishonorierungsgrundes) unter Verweisung auf die Nummer seines Registers auf den Wechsel oder auf ein ihm angeheftetes Blatt setzt, während die Ausfertigung der formellen Protesturkunde vorläufig unterbleibt, nachträglich aber noch jederzeit und zwar unter dem Datum des „noting" erfolgen kann. Das „noting" stellt daher in der Tat eine „espèce de protêt avant la lettre" dar, wie Béguelin S. 341 sich charakteristisch ausdrückt. Etwas ähnliches hat auch in Deutschland früher gegolten.[70])

Allerdings hat das „noting" gewisse Vorzüge. Insbesondere mag die Kostenrechnung sich etwas vermindern, sofern es nämlich bei der Unterlassung der Ausfertigung verbleibt.

Andererseits ist das „noting" aber doch immer ein „incipient protest", der durch die nämliche Vertrauensperson erhoben wird, welche den formellen Protest auszufertigen hat. Die Bedenken, die gegen die

---

[69]) Thaller. S. 740, No. 1315.

[70]) Vgl. Frankfurter W.-O. v. 1739 § 14 bei Grünhut I. S. 191 ff. Die Bremer Thesen empfehlen das „noting" nicht unbedingt; vgl. Pappenheim in Z. f. H.-R. 28 S. 514 Note 1.

Belastung der Notare mit dem Protestgeschäft überhaupt geltend gemacht werden, sprechen mithin auch gegen das „noting" durch diese Beamten. Dazu tritt im Fall der Ausfertigung der Protesturkunde auch die ganze Reihe der Einwendungen, die dem formellen Protest gegenüber erhoben werden.

Als spezielle Nachteile des „noting" hat man noch angeführt, dass seine häufige Anwendung die Pünktlichkeit in der Erfüllung der Wechselverbindlichkeiten gefährde und auf eine verschleierte Gewährung von Respekttagen hinauslaufe, auch dass die blosse Notierung des Protestes keine Gewähr für die Innehaltung der zur Sicherheit der Regressschuldner notwendigen Sorgfalt bei der Protesterhebung zu leisten vermag.[70a])

Es ist übrigens gar nicht zweifellos, ob dem „noting" die gleiche volle Beweiskraft, wie dem ausgefertigten Protest zukomme. Wenigstens lehrt Smith, dass das „noting" an sich ohne gesetzliche Wirkung sei: „This minute the making of which is termed noting the bill, is a mere memorandum, from which the notary may afterwards draw up a protest at his leisure, but, per se it is of no legal effect."[71])

Der relative Nutzen des „noting" dürfte hiernach wesentlich wohl nur in denjenigen Fällen eintreten, in welchen wegen nachträglicher Zahlung durch den Hauptschuldner oder wegen freiwilliger Erfüllung der Regressverbindlichkeit der Protest überhaupt nicht in Frage kommt.

VI.

Die letzte, aber praktisch bedeutsamste Frage ist nur, welche Person die für die amtliche Protest-Erhebung am wenigsten kostspielige, überall am leichtesten zugängliche und doch sachlich geeignete ist.

Dass dies der Postbeamte, speziell der Briefträger sei, ist seit dem gesetzlichen Vorgang Belgiens in vielen

---

[70a]) Vgl. Leist, S. 144, Béguelin, S. 356, Bernstein, S. 66; auch Goldschmidt erklärt Z. XXIII. Beilageheft S. 172 die Protestnotierung „juristisch freilich nicht ausreichend".

[71]) Vgl. Späing, Französisches, Belgisches und Englisches Wechselrecht 1890, S. 69 N. 16.

Kreisen zur Ueberzeugung geworden. In dieser Hinsicht stimmen die Deutschen Fischer, Kämpf, Keyssner, Stranz, die Italiener Vivante und Montessori, die Schweizer Wieland, Berta und Béguelin, stimmen die St. Galler Bankvereinigung, der Verband Züricher Kreditinstitute, die Aeltesten der Berliner Kaufmannschaft überein; auch Bernstein ist neuerdings in der Zeitschrift des Deutschen Notarvereins zu dieser Auffassung übergegangen.

Keinen Anklang hat das belgische Vorbild dagegen bei Mellien, Roscher, Oetiker, in Frankreich und, im vorigen Jahre, auf dem dritten Deutschen Notartage zu München gefunden.

Der dritte Notartag gab auf die Reden von Weissler und Dennler, vielmehr sein Votum dahin ab: „Die unteren Postbeamten sind als Protest-Beamte nicht zuzulassen."

In Frankreich haben nur 8 von 129 Handelskammern sich für den Postprotest erklärt, und so hervorragende Handelsrechtslehrer wie Lyon-Caen und Renault urteilen streng: „Les facteurs des postes n'ont ni temps ni l'instruction nécessaires pour qu'on puisse se fier complétement aux constatations qu'ils pourraient faire".

Von den angeführten Argumenten ist das der mangelnden Zeit kaum stichhaltig, da durch Vermehrung der Zahl der Beamten und Verkleinerung der Austragsbezirke der wachsenden Arbeitslast Erleichterung verschafft werden kann. Der schweizerische Gesetzgeber erachtet wenigstens im Prinzip die Postbeamten als geeignet zur Protest-Erhebung; das beweist Artikel 1 des Bundesgesetzes über das Postregal vom 5. April 1894, welcher im letzten Absatz erklärt: „Die Postverwaltung kann ferner die Erhebung von Wechselprotesten auf protestabeln Papieren, welche in Einzugs-Mandaten versandt werden, übernehmen, nach Massgabe der diesfalls besonders aufzustellenden gesetzlichen Vorschriften".

Diese verheissenen gesetzlichen Vorschriften sind freilich, in Verbindung mit dem Postscheckgesetz, noch immer in Vorbereitung.

Ob der deutsche Briefträger der Aufgabe gewachsen ist? darüber wird lebhaft gestritten! Die Deutsche Reichspostverwaltung muss es doch bejaht haben, da ihre Vertreter ja in der Reichstags-Kommission 1876 die Einführung des Postprotestes als durchaus ausführbar erklärt haben, freilich mit grosser Reservation wegen der Haftung[72]). Die Freunde des Postprotestes berufen sich u. a. darauf, dass die deutschen Briefträger ja auch die prozessualen Zustellungen zu besorgen haben, die in früheren Zeiten auch einmal Sache der Notare gewesen seien.

Die Gegner des Postprotestes wollen zunächst schon die Analogie von Zustellung und Protest nicht gelten lassen: Die mangelhafte Zustellung könne wiederholt werden, der mangelhafte Protest nicht. Auch besorge der Briefträger die Zustellung nicht ganz allein; vielmehr müsse doch der Gerichtsvollzieher vorher seinerseits die Zeit beurkunden, in welcher er das Schriftstück zur Post gegeben habe.[73])

Gewiss zutreffend; aber die Beurkundung der entscheidenden Tatsache der Uebergabe des Schriftstücks bleibt doch eben Sache des Briefträgers.

Weit schlimmer scheint es, dass Weissler den Briefträgern im Fache „Zustellung" eine recht schlechte Zensur[73a]) ausstellt: Wie oft habe er nicht Zustellungsurkunden schon zurückgeben müssen! Und es käme gar nicht so selten vor, dass der brave Briefträger ergötzlicherweise bekunde, dass er den Brief einer Firma persönlich zugestellt habe, oder etwa, dass er die Zustellung an den Inhaber einer G. m. b. H. vorgenommen habe!

Weissler verlangt, dass jeder Protestbeamte wissen müsse, was ein Wechsel, was ein Sichtwechsel, was ein eigener Wechsel sei, wer der legitimierte Wechsel-Inhaber und wer der legitimierte Vertreter des Bezogenen wäre, auch was eine Notadresse und was ein Domizil ist.

---

[72]) Vgl. oben vor. N. 20.

[73]) Weissler S. 521.

[73a]) Dagegen bezeugt Béguelin S. 346 der Postverwaltung, „qu'elle s'acquitte à la satisfaction générale de la transmission de certains actes judiciaires".

Er sehe nicht ein, wie jemand Protest erheben will, der das alles nicht weiss, und er sehe nicht ein, wie man einen Briefträger das alles lehren wolle.

So Herr Justizrat Weissler in Halle, ein auf dem Gebiete des Notariats auch als Schriftsteller mit Recht gerühmter Praktiker.

Ganz anders sein nicht minder erfahrener Kollege Herr Justizrat Martinius in Erfurt. Er nimmt an, dass unter drei Voraussetzungen und bei Verwendung gedruckter Formulare sich alles vortrefflich erledigen liesse, auch von einem in die Mysterien des Wechselrechts nicht sehr tief eingedrungenen Beamten.

Seine drei Voraussetzungen sind einerseits die Vereinfachung des Protestes, andererseits die Beschränkung des Postprotestes auf Zahlungs- und Annahmeprotest unter Ausschluss der Wechsel mit Notadresse,

sowie endlich der Erlass einer (jedenfalls höchst notwendigen) Vorschrift, welche die Präsentation bei einem nach den Geschäftseinrichtungen eines Kaufmanns hierzu Angestellten, insbesondere bei dem Kassierer, selbst bei Anwesenheit des Prinzipals gestattet.

Hiermit würde sich übrigens auch die Weisslersche Examenfrage nach dem legitimierten Vertreter des Bezogenen schon erheblich einfacher gestalten.

Ob übrigens die richtige Beantwortung seiner ersten Frage: „Was ist ein Wechsel“ wirklich für die Protesterhebung absolut notwendig ist, möchte nicht unzweifelhaft sein; die französischen Notare würden sie übrigens wohl anders beantworten als die deutschen, und auch unter diesen dürften, je nach der Theorie, der die Einzelnen zuneigen, die Definitionen nicht ganz übereinstimmen. Für den protestierenden Briefträger aber würde es m. E. wohl ausreichen, wenn er im Examen antwortete: „Ein Wechsel ist ein Papier, das mir mit dem Auftrage zum Inkasso und bei Nichtzahlung zum Protest übergeben worden ist.“

Die Einführung des Postprotestes ist im Grunde weniger durch das Misstrauen in die Fähigkeiten des Postbeamten gehemmt, als durch die damit zwar nahe verwandte, doch nicht ganz identische Frage ob der Postfiskus gewillt ist, für die Versehen seiner Beamten bei der Protesterhebung aufzukommen,

und zwar nicht nur, wie dies 1876 von der Deutschen Reichspost intendiert wurde, bis zur Haftung für einen eingeschriebenen Brief,

sondern für den vollen Schadenersatz.

Man hat zu Gunsten dieser Haftung darauf hingewiesen, dass die Staatshaftung für Beamtenversehen zwar leider noch nicht in Preussen, aber doch in Bayern, Württemberg, Baden und einer Reihe kleiner Staaten allgemeines Rechtsprinzip sei;

man hat in der Schweiz für die Uebernahme dieser Staatshaftung die Bildung eines speziellen Garantiefonds vorgeschlagen[74]), und vielleicht liesse sich ein kleiner Zuschlag zu den Postprotestkosten gewissermassen als Versicherungsprämie für die staatliche Haftung rechtfertigen.

Entscheidend für die ganze Frage scheint nur die Feststellung, welche Erfahrung derjenige Staat, welcher den Postprotest in die Praxis eingeführt hat, mit ihm in den etwa drei Dezennien seiner Anwendung gemacht hat, insbesondere ob die Zahl der Fälle, in denen der Staat für unrichtig aufgenommene Proteste aufzukommen gehabt hat, eine erhebliche gewesen ist.

Eine solche Feststellung scheint uns wichtiger, als alle noch so wohlgemeinte und scharfsinnige Kritik der Briefträger-Intelligenz. Nicht a priori, sondern nur empirisch kann die Frage beantwortet werden.

Um nun authentischen Aufschluss zu erhalten, habe ich mich im vorigen Jahre an die kompetenteste Stelle gewandt, an die belgische Administration des Postes. Diese hatte die Freundlichkeit, mir am 31. August 1904 unter Beifügung einer statistischen Tabelle, die gewünschte Auskunft zu erteilen. Nachdem die Auskunft im Eingange die beiden Gesetze vom 10. Juli 1877 und 30. Mai 1879 skizziert hat — das letztere dehnt die Kompetenz des agents de poste auch auf den Protest mangels An-

---

[74]) Béguelin S. 347 N. 173.

nahme und sogar auf die Interventionproteste aus, — führt die Auskunft fort, dass keines dieser beiden Gesetze irgend eine ernste Unzuträglichkeit in der Praxis ergeben habe.

Ni l'une ni l'autre de ces lois n'ont, d'ailleurs, suscité aucun inconvénient sérieux dans la pratique.

Und dann heisst es weiter:

Les réclamations au sujet d'irrégularités commises par nos agents, en matière de protêt, sont très peu fréquentes,

„et n'ont, jusqu'ici, entrainé pour l'administration ou les agents en cause d'autre dommage que le remboursement du coût des emploits et, parfois, de frais de procédure sans grande importance".

Die Auskunft schliesst mit dem Hinweis darauf, dass nach der beigefügten Tabelle die Zahl der Postproteste nicht zu steigen aufhöre.

Aus der Tabelle[75]) ergibt sich, dass die Zahl der jährlichen Postproteste sich in den Jahren 1876—1903 versiebzehnfacht hat,

dass sie in 27 Jahren von 6869 Stück auf 118,496 pro Jahr gestiegen ist,

dass sie also im Jahre 1903 bereits über $^1/_9$ Million Stück betrug.

Dieses Ergebnis scheint mir für die Reform des Protestes bedeutungsvoll. Es berechtigt zu dem Wunsche, dass das belgische System auch in den übrigen Staaten

---

[75]) Administration des postes de Belgique. Relevé du nombre des protêts dressés par les agents des postes (service interne).

Années.	Nombre.	Années.	Nombre.	Années.	Nombre.
1876—77	6,869	1886	79,441	1895	96,478
1878	23,442	1887	76,679	1896	95,186
1879	44,173	1888	80,625	1897	94,289
1880	50,106	1889	83,809	1898	95,867
1881	54,896	1890	77,317	1899	92,883
1882	59,854	1891	88,512	1900	94,842
1883	63,950	1892	93,182	1901	105,797
1884	69,461	1893	93,823	1902	118,488
1885	76,195	1894	98,329	1903	118,496

Eingang findet und zwar unverändert, also für alle Wechsel, nicht nur für die kleinen bis 150 oder bis 800 oder 1000 M., wie von Leist, Martinius, Dennler, auch der Königsberger Kaufmannschaft u. a. vorgeschlagen worden.

Auch der Inhalt des belgischen Postprotestformulars wird wohl am besten pure acceptirt unter Verzicht auf die theoretisch noch so wohl begründeten Modifikationen; für das belgische Modell gilt eben das Wort: probatum est. Dies Formular wird einem Registerheft (carnet à souche) entnommen und als Allonge dem Wechsel angehängt. Damit ist auch dem Makower-Bernsteinschen Vorschlag: der Protest gehört auf den Wechsel, Genüge getan.

Als besonders praktisch empfehlen Stranz und die Berliner Kaufmannschafts-Aeltesten noch die Zurücklassung einer Benachrichtigung seitens des Briefträgers über die erfolgte Protestierung, also entsprechend dem belgischen bulletin donnant avis. Dieser Empfehlung möchte ich mich anschliessen. Allerdings kann, was die französischen Kaufleute betonen, ein solches Bulletin auch einmal in indiskrete Hände fallen und dem Protestaten zum Schaden erwachsen. Aber der Nutzen überwiegt doch weit, denn die Benachrichtigung gewährt dem Protestaten die Möglichkeit, den Wechsel binnen mässiger Frist beim Postamt einzulösen[76]).

Ob neben den Briefträgern auch noch andere Beamtenkategorien, ob Gerichtsvollzieher und besonders Notare den Protest sollten aufnehmen dürfen, mag zweifelhaft sein. Blickt man wieder auf Belgien, so sind die huissiers dort berufen, sogar in erster Linie noch vor den agents de poste; die Gerichtsvollzieher blieben sonach durchaus berechtigt und gesetzlich verpflichtet. Was die Notare anlangt, so sind sie durch das Gesetz von 1877 in Belgien geradezu ausgeschlossen; „sie weigerten sich in der Regel des wenig einträglichen Geschäftes“.[77]) Bei

[76]) Ueber weitere Vorteile (Irrtumsberichtigungen u. a. m.) vgl. Goldschmidt in Z. 23 Beilageheft S. 177.

[77]) ebendaselbst S. 176.

den verschiedenen Stimmen aus dem Deutschen Notarstand ist vielleicht der Vorschlag angemessen, die Notare zur Protesterhebung zu berechtigen, nicht aber zu verpflichten; hiernach könnten sie in besonders wichtigen und schweren Fällen, besonders bei Interventionen, die Protesterhebung übernehmen, andererseits aber die Botengänge in ihnen nicht genehmen Fällen ablehnen. Sind doch die Protestaten nicht nur oft insolvent, sondern bisweilen sogar insolent; recht schwere Injurien sind vorgekommen, die im Protetst sogar registriert wurden[78]). Jedenfalls wäre die Differenz zwischen den Kosten des Notariats- und des Postprotestes von den Requirenten zu tragen.

VII.

Der Kampf um den Wechselprotest wird in den verschiedenen Staaten isoliert geführt. Das internationale Moment tritt, bisher wenigstens, hier zurück.

Man erstrebt ja sogar für die Landesgesetzgebung eine Scheidung von Inland- und Auslandwechseln, ein internes und externes Protestrecht. Hat doch selbst der von der Belgischen Regierung im Jahre 1888 zum Entwurf eines Weltwechselrechts nach Brüssel einberufene Kongress in seinem Mustergesetz, der sog. loi type, von Vorschlägen über den Protest abstrahiert, weil man diese Frage der Landesregierung überlassen könne. Und der Referent des Schweizer Juristenvereins glaubte das Institut des Protestes gerade deshalb herausheben und zur Revision anempfehlen zu sollen, weil dieses Institut der für den Wechsel sonst so nötigen Rechtsgemeinschaft mit den Nachbarvölkern nicht so bedürftig sei.

Und doch wäre ein einheitliches Protestrecht meines Erachtens, wenn auch nicht dringend notwendig, so doch immerhin recht wünschenswert und auch möglich.[79]) Es wäre denn doch für jeden Regresspflichtigen ein Vorteil,

---

[78]) Vgl. Mosson auf dem 3. Deutschen Notartage S. 534.

[79]) So auch Béguelin, S. 338. So auch Stranz, S. 364; er behält die einheitliche Gestaltung des Protestrechts einer späteren internationalen Regelung vor. Dagegen erachtet Wieland S. 42 den Protest der international-einheitlichen Regelung weder bedürftig, noch fähig; das letztere trifft schwerlich zu.

wenn er bei Inanspruchnahme aus seiner Regresspflicht nicht erst zu fragen hätte, was bestimmt denn das Recht des fremden Zahlungsorts über die Protestform, sondern wenn er lediglich nachzuprüfen hätte, ob der Protest der allgemeinen internationalen einheitlichen Protestform entspricht. Es wäre doch auch ein Vorteil für alle Regresspflichtigen, wenn sie der Ermässigung der Protestkosten, die der Uebergang zum Postprotest bietet, teilhaftig würden, wo immer ein Wechsel, der ihre Unterschrift trägt, Not leidet!

Durch den Uebergang zum Welt-Postprotest würde das Ziel eines einheitlichen Protestformulars auch ein gutes Stück näher gerückt; denn der Weltpostverein vermöchte sehr wohl auch ein solches Weltpost-Protestformular zu schaffen.

Freilich dürfen wir nicht auf eine schnelle Erfüllung dieses Wunsches rechnen; hat doch die bescheidene Hoffnung Kempfs auf eine deutsch-österreichische Postprotest-Konvention sich in fast 3 Dezennien nicht realisiert.

Aber ebenso unberechtigt scheint mir eine pessimistische Resignation!

Als ich vor 26 Jahren vor der Wiener Juristischen Gesellschaft zum ersten Mal zu sprechen die Ehre hatte, da wählte ich mir zum Thema: „Das internationale gleiche Recht.“[80]) Ich glaubte damals unter Betonung der grossen Schwierigkeit, die sich der Ausführung entgegensetze, doch 5 Materien als der Rechtsassimilation bedürftig und auch als assimilationsfähig bezeichnen zu sollen. Jene 5 Materien waren: ausser dem Wechselrecht und der havarie grosse, das Eisenbahnfrachtrecht, das Urheberrecht und das internationale Privatrecht. Von jenen hoffnungsvollen Keimen eines internationalen gleichen Rechts haben sich die drei letzten über alle Erwartung schnell entwickelt; ich erinnere an die internationalen Unionen von Bern und vom Haag. Was im März 1879 wohl manchen noch als Utopie erschien, es hat sich teilweise bereits verwirklicht.

---

[80]) Der Vortrag ist in den Jurist. Blättern 1879, No. 19—21 abgedruckt und etwas verändert in ital. Uebersetzung in der Turiner Rassegna di diritto com. I. 1883 erschienen.

Auch im Wechselrecht geht es, freilich in weit langsamerem Tempo, vorwärts. Aber auch im Wechselrecht ist der internationale Gedanke nicht erstorben; er lebt, er wirbt Anhänger. Das bezeugt die skandinavische Wechselrechts-Union, das bezeugt — freilich in geringerem Masse — die loi type, das bezeugt die unter ihrem Eindrucke in Frankreich erfolgte Streichung der distantia loci aus den Essentialien der lettre de change, das bezeugt die neue russische Wechsel-Ordnung.

Grosse Aufgaben brauchen Zeit zu ihrer Entwicklung. Auch das Weltverkehrsrecht reift nur langsam und stückweise. Möge es, wenn nicht der Gegenwart, so doch der zukünftigen Generation beschieden sein, die Gedanken eines vollständigen Weltwechselrechts und damit auch eines Weltprotestrechts verwirklicht zu sehen. Und kann das Einheitsband sich nicht sofort um alle Völker schlingen, so mögen wenigstens die Länder der deutschen Wechselrechtsgruppe, so mögen insbesondere Deutschland, Oesterreich-Ungarn und die Schweiz sich einigen über eine Reform des Protestes!

FSC
www.fsc.org
MIX
Papier | Fördert gute Waldnutzung
FSC® C083411

Kolibri 360 GmbH
Ferdinand-Jühlke-Straße 7
99095 Erfurt, Deutschland
produktsicherheit@kolibri360.de